Pelures de réel

Isabelle Blandin - textes / Anna Michel - gravures

Pelures de réel

Dépôt légal : mai 2018
ISBN : 9782322120307
Impression : BoD-Books On Demand, Norderstedt, Allemagne

© Isabelle Blandin & Anna Michel

Couverture : Anna Michel, *Pelures de réel*, gravure sur cuivre, 2018

Le Code de la propriété intellectuelle interdit les copies ou reproductions destinées à une utilisation collective. Toute représentation ou reproduction intégrale ou partielle faite par quelque procédé que ce soit, sans le consentement des Auteures ou de leurs ayants cause est illicite et constitue une contrefaçon sanctionnée par les articles L335-2 et suivants du Code de la propriété intellectuelle.

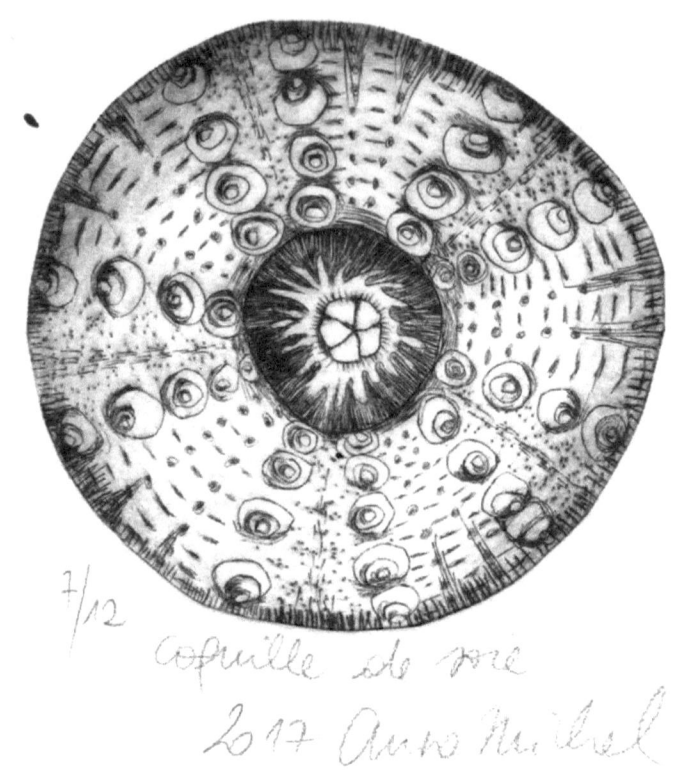

7/12 coquille de mer
2017 Anne Michel

Ma vie avec toi

Tes yeux s'ouvrent mouillés de sommeil et tu me vois. Je suis là, à ton chevet. Je protège tes matins. Je veille sur toi d'un oeil, à demi-mot. A mot couvert. Tu émerges des couvertures, tu es encore dans la coquille de soie du sommeil. Tu me regardes en premier lieu. La douceur passe, dans le silence. Cette douceur n'est pas un poinçon. Nul pincement de mon coeur. Ce n'est pas une euphorie. Elle ne demande pas à être contenue. Elle est une écharpe de laine entre toi et moi.
Dehors il y a du vent. « J'espère que le grand cèdre ne va pas tomber » ! Je te rassure du regard. Je porte un pull rose poudré, et je sens que c'est l'exacte qualité aussi de mon regard vers toi. Un air interrogateur, tu vérifies que je suis bien là.
Chaque matin, j'assiste à ta naissance. Ton premier regard est pour moi, il est amoureux ! Il précède la pensée. Il est flou et soyeux, tu n'as pas encore mis tes lunettes. Je me demande souvent comment ça fait. Un sas avant la rencontre du net. Je le sens comme un papillon qui se poserait sur ma main. Ma tendresse se tient immobile. Je t'accueille et je me propose.
Tu es l'autre avec qui je partage ma vie.

S.

Son visage taillé à coups de serpe, de sabre, de kalach', peint au couteau, son visage de côte bretonne.
Je discute avec toi au café.
Nous nous aimons bien, lui et moi. Lui, pull en laine bleu, ceinture, caban, marin de la cuisine. Moi, café et cigarette. Nous regrettons la mort du prolétariat.
Il vocifère, râle, vitupère, analyse, dissèque, dénonce, s'indigne.
Moi je bouge à peine, je suis coincée contre la porte de ta cuisine. De toutes façons il ne me laisse pas beaucoup de place.
Le flot de tes paroles ne me noie pas, mais me déporte, un peu. Je navigue, concentrée sur chaque vague, je ne lâche pas mon gouvernail. Je tente un commentaire sur le cosmopolitisme, nous formons brièvement un îlot. Puis tu repars, de plus belle. Tu me rattrapes quand je sombre, « je te saoule, hein !? ». Je suis un peu engourdie, je m'ébroue.
Il est provocateur, par jeu, je le sais à son regard.
Au dessus de tes cernes, le sourire tendre de ta blessure. Myriade dans tes yeux.
Éveilleur des consciences, tu rends choquant ce qui ne l'était plus.
Tu prends soin de l'autre.
Homme aux mille vies, aux mille reflets de l'intelligence.
Un matin il me hèle, de l'autre côté du trottoir qui vient d'être refait par la ville. « Tu paye des impôts, non ? Viens donc marcher sur le beau côté ». Chacun traverse. Au milieu de la route, on se fait la bise. Je dis, « c'est romantique ». Ce n'est pas cela que je voulais dire ! Je voulais dire, « on emmerde les bourgeois ! »

L'homme, toi

Pour mes 40 ans, tu me donnes un poème.
Tu me dis, « je l'ai écrit pendant 3 mois, c'était un livre, un dessin, une déchirure de papier, une lutte pour te le donner ».
J'imagine tes mots parcourant la campagne, arpentant le vaste, faisant mille détours, pris dans des rets, passant des ruisseaux, gravissant des montagnes.
Dans la froidure de l'hiver, les doigts gourds et la langue gelée.
Ton poème est venu à pieds de la gare au village. Hobo marchant le long des routes.
Maintenant, il est là, il arrive à destination.
Tes mots m'entourent, me pénètrent.
Me convoquent en mon lieu de femme.
Je te découvre. Sous la plaine douce de notre bonheur, il y a des forêts.
Je vois un dessin au fusain, peut-être une eau forte. Un homme debout, très grand, ombré, la tête légèrement penchée. Surgissant dans la densité de sa présence ; là depuis toujours. Homme sauvage qui se possède.
Dans les bois, tu as forgé tes outils.
Minotaure et Thésée de ton propre labyrinthe, combien de temps cela a-t-il duré ?
Aujourd'hui maître de tes domaines, où je suis pour la deuxième fois invitée.
J'y vois : rideaux d'arbres, clairières, ombelles caressées par le vent, gouttes brillantes sur une toile d'araignée, crevasses, roches, pics, plaines. J'y vois nuages amoncelés, soleil dru, vent, brise, mistral, tramontane, j'y vois un millier d'animaux, un millier de villes, paysage tendu comme un arc sous la poussée de ton désir, paysage aux mille profondeurs.
Cosmos de ton amour déclaré.
Qui s'incarne pour moi dans cette image : nous marchant dans les rues de New York, la nuit. Pour toujours, arpentant cette ville.
Ton poème me change.
Je me sens pousser des racines. Sous mes pieds, dans mon sexe.
A l'ombre de ta ramure, je suis soudain toutes les jeunes filles. Peau blanche sortant des eaux, nudité surprise. Autrefois, je t'aurais changé en cerf.
Aujourd'hui, je suis ta femme, et je te rencontre.

M.

Vous arrivez. Je descends vous chercher. J'ouvre la porte. Vous passez, vous m'attendez. Je passe devant vous, je monte. Je m'arrête devant la porte, je vous laisse passer. Vous passez, vous marchez, vous m'attendez devant la porte du cabinet. Je passe devant vous, je vous invite à entrer. Vous entrez.

Nous nous installons dans l'espace. Vous sur le divan, moi sur le fauteuil. Deux fleurs se posent. Vous ne le savez pas, mais je tremble un peu à l'intérieur. Vous vous enracinez. Manteau, sac, sur le côté. Je m'enracine en moi-même.

Vos pétales se déploient un par un. Situation, émotion, sensation. Moi : jardinier attentif. Un silence. Une phrase – un peu d'engrais. Je dispose des coquilles d'oeuf concassées. Vous prenez conscience de la pluie, du soleil, du vent. Vous sentez la sève qui circule à l'intérieur de vous.

Nous sommes deux.
Nous sommes une, quand je ressens les émotions que vous ne sentez pas.
Nous sommes trois, quand apparaît vous petite fille, vous jeune fille. Le cabinet se peuple de vous. Nous créons un espace pour contenir cela. Accueillir. Silence avec. La solitude infinie se dissout.

Je deviens la voix de la Loi qui a manqué.
Je suis traversée de l'Amour qui n'a pas pu s'exprimer.

Vous êtes vivante.
Aujourd'hui, vous avez traversé un pont suspendu au-dessus du vide.
J'admire votre force.
Vous vous étonnez. Nous rions.
La séance est finie.

Ombres

Ce matin, je me lève avec des ombres.
Le cocon sans issue de mes pensées, épais comme de la glu.
Je pense que je ne pourrai jamais ranger l'appartement.
Je pense que je ne veux pas être mère.
Je pense à l'entretien raté, comment je vous ai planté de l'autre côté du mur,
Vous et votre histoire comme un mauvais film, vous et votre mauvais langage,
Mes peurs hérissées sous ma voix de plume,
Votre regard tendre de Rocky Balboa posé sur moi,
Votre scandaleuse absence de défenses,
Votre voix au téléphone, me disant que la thérapie, ce n'est pas pour vous.
Ma peine, ma honte.

Dehors l'air hésite, le jour hésite.
Le café est amer
Tu t'assieds à côté de moi.

L'origami de mon désir de vivre se déplie doucement, lentement,
Mouvements du papier dans l'air voilé,
Aujourd'hui c'est un oiseau.
Un oisillon au nid, au fil télégraphique, loin des grandes migrations !
Dans la nostalgie des envolées, le monde redevient sensible.

Deuil impossible

Nous t'aurions appelé Merle, ou June.
Je t'appelais déjà Junebug.
J'avais décidé de t'écrire une lettre chaque jour pendant la grossesse, pour que tu existes autrement que comme une partie de moi.
Bébé, enfant, m'intimidaient, je t'appelais intérieurement une petite personne.
Nous aurions été perdus au retour de la clinique.
Nous t'aurions parlé en anglais.
Nous aurions bien ri, tous les trois.
Nous t'aurions appris à fabriquer un arc et des flèches, pour te débrouiller dans ce monde.
Nous t'aurions fait porter notre histoire malgré nous.
Tu m'aurais appris à être mère, à avoir moins peur, à être l'adulte.
Je t'avais pourtant vu en rêve, dans le cosmos, attendant ton heure.

Je regarde sur la table basse la trace de feutre rose qu'un autre enfant a laissée.
Quel enfant de nos amis ? Je ne sais plus.
Mais je sais que l'enfant qui dessine, ce sera toujours moi.
L'enfant qui regarde, la tête posée entre les bras sur la table de la cuisine, ce sera toujours moi.
L'enfant qui court nu dans le jardin, roi de son monde, ce sera toujours moi.
Fin de la transmission.

J'ai pourtant senti, au plus profond de l'amour, le désir de ta venue !
Furieux appel de la nature,
Non avenu.
Le verdict du corps est tombé, cryptogramme.
0,08 U/l d'AMH.

Ma tentation de refaire ma vie. Trouver un enfant, ailleurs, coûte que coûte.
Dans cet après-midi de whiskeys et de pleurs.

Mon engagement renouvelé dans cette vie.
Ranger l'appartement.

Les maisons que je n'habiterai pas

Je n'habiterai jamais une maison d'universitaire dans le Maine, toit pointu, mon mug de café dans la véranda à côté d'un manuscrit. Les frênes jaunissant dans l'air d'automne.

Je n'habiterai jamais une maison d'adobe en Arizona, observant les oiseaux-mouches butiner cette fleur rouge dont je n'ai jamais su le nom, ronron de l'air conditionné berçant mon deuxième manuscrit.

Je n'habiterai jamais une maison de bois en Californie, nue dans le jacuzzi avec mon mari à 70 ans, contemplant les étoiles en buvant un verre de vin de la Napa vallée, palmiers érigés sur le ciel d'hiver.

Je n'habiterai jamais une maison sur India Street, Greenpoint, Brooklyn, New York, USA, poupée russes de mon désir. Il neige dehors, douceur dans les phares des voitures.

Je n'habiterai jamais une maison de briques rouges à Roubaix. Mitoyenne, ouvrière, trois marches pour entrer, petit jardin à l'arrière. 3 étages, 3 enfants.

Je n'habiterai jamais une maison de pierre à Champis-la-bâtie, avec mon propre atelier de céramique. Chèvre, poules, miche de pain dans le four, un chien aboie dans le lointain.

Je n'habiterai jamais la maison au volets bleus à Granges les Valence que je vois depuis la vitre du bus no 8. De toute façon, elle donne sur la route.

Je n'habiterai jamais la maison de ma mère.

Possibles que je n'habiterai pas, acquiescement à la finitude -chaque maison gommée me rapproche de la mort.
Ce n'est pas triste!
Sentier du réel.

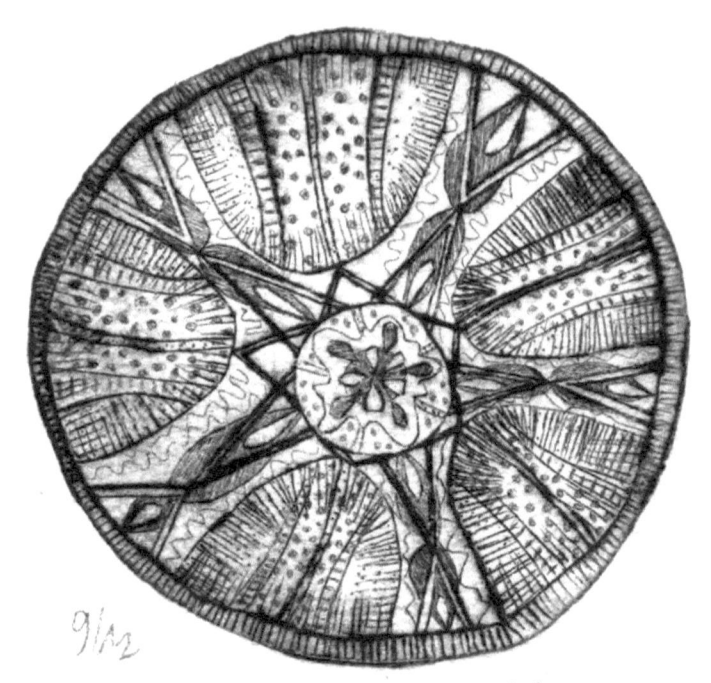

9/12

mandala complexe de l'intime
2017 Anne Michel

C.

Tu me fais un café.
Tu coupes en deux la brioche au sucre que je t'ai amenée. Tu n'en manges jamais qu'une moitié.
Le soleil se faufile.

Nous entrons en douceur dans la conversation.
Je me sens accueillie par les petites rides au coin de tes yeux.
Porcelaine à fleurs un peu géométriques, années 50 ; thé au jasmin,
Ton intelligence, ta finesse.
Parfois tu ris de toi même – tu sais faire cela –
Gloussement de poule-soie.

Comment décrire nos conversations ?
Mandala complexe de l'intime,
Tracé à quatre mains.
Pinceau en poils de loutre, de martre, d'écureuil, tous les animaux de la forêt s'y sont mis.

Ta quête infinie de la « justesse ».
Tu m'as appris cela.

Toi à bicyclette de profil, cheveux blonds lissés, pantalons évasés, talons.
Paper doll.
Toi avant le maquillage. Rousseur nue. Ton visage adressé au mien.

Ta chorégraphie le soir de mon mariage.

Un jour, nous jouons à « quelle voiture ? »
Tu te vois en combi Volkswagen.
Je ne suis pas d'accord!
Tu es la Mustang de Steve McQueen dans Bullit.
Tu dévales les rues de San Francisco en 1968,
Poursuite acharnée, creux et bosses,
Elégante dans le grincement des amortisseurs.

Tu crées ton propre signe du zodiaque.

Tu es mon amie.
Je te reconnais.

La porte étroite

Depuis quelques jours, je me sens bizarre.
Ni triste ni joyeuse,
Ni chenille ni papillon,
Gondolement de moi-même.
Je suis en transformation.
Je vois, c'est très clair, que je dois passer par une petite porte,
Si petite !
Porte étroite du réel, arceau de croquet.

Trouver une tête de flamand,
Dégonfler mon moi,
Faire petits mes os,
Me faire souris
Passer dans le chas d'une aiguille pour devenir adulte.

Adulte à 40 ans !
Quelle ironie !
Même cela, le laisser.
Plus de Phèdre.
Plus non plus de bergers aux chaussons et aux houlettes ornées de noeuds.
Plus d'ailleurs.

Derrière la porte, je ne sais pas ce que l'Univers fricote.
Ca frémis, ça frétille, peut-être,
Mais ça meurt, aussi. J'hésite.

Accepter les petits wagons, en route, en route,
Accepter la pelle et le charbon,
Les petits repos, les petites peines.
Tout si petit.

Vent de Valence

Aujourd'hui il y a du vent.
Pas n'importe quel vent, le vent de Valence !

On nous avait parlé de toi,
Nous t'attendions,
Nous commencions à penser que tu n'étais qu'un mythe,
Une histoire pour faire peur aux petits enfants.

A Lyon, un boucher nous a dit que ses beaux-parents avaient déménagé à cause de toi.
Région parfaite, si ce n'est ce putain de vent, disent les gens d'ici.
Vant de Valance : ton nom trahit l'accent du pays.

Dehors, je te rencontre,
Tu m'embrasses, tu m'environnes,
Tu me portes, à peine ai-je besoin de marcher
Tu m'emportes, je te résiste!
Peine perdue, les cheveux en bataille, le visage giflé par tes limons.
J'échoue, j'échoue.

Un matin de juillet, notre mariage au fond des bois.
La Chamane nous dit : l'amour est comme le vent.
Est-ce donc cela ?
Corps à corps furieux, combat sans merci ?

Je t'aime, mais tu me rends folle !
Je t'entends hurler comme un loup derrière les fenêtres.

Un drap blanc s'est détaché, a volé jusqu'à l'arbre d'en face.
Etreinte passionnée, Roméo tenant Juliette endormie.
Eternelle mariée dans les branches,
Tragédie du vent.

Vent de Valence, te voici enfin, tu te déclares.
Je t'aime aussi,
Mais tu fumes mes cigarettes !

Samedi de Pâques

Nous nous promenons sur le chemin de notre amour.
Il serpente sans bruit à travers la campagne.
Sous nos baskets, le sol souple, le sol caillouteux,
Sous nos capuches, le bourdonnement des ruisseaux.

La matinée s'allonge mollement, odalisque aux petits cafés.

Dans le jardin, il fait chaud !
Premier soleil de printemps, tu contiens toutes les canicules.
L'été se déroule soudain, à toute vitesse.
Instantané de rires, d'eau miroitante, de pieds nus, de pelouse couleur vert sombre.
Odeur de peau, de plage.

Eté, nous épuisons ta promesse.

Je t'entraîne alors vers l'ombre de la chambre,
Devenue Patio de Seville aux carreaux bleus,
Patio de Riad
Ilot dressé contre la chaleur étouffante -
Elle guette derrière les volets mi-clos.

Dans la fraîcheur moelleuse du lit,
Je suis les femmes d'Alger dans leur appartement.

Nos corps se joignent.
Je sens ta bouche sourire sous le battement de mes cils.
Tu places ta main à l'endroit de mon dos fait pour ta main.
Je suis émerveillée par tant d'exactitude!
Main-dos se fait organe présent depuis toujours.

Nos corps avancent dans l'inconnu,
Et tout à coup je suis plaine,
Plaine de plénitude pleine,
Tous les mots tombent, et l'indicible n'est pas une piqûre,
Je me tiens nue, œuf plein dans l'absolue vacance de l'être,
Parfaitement à ma place.

Nous repartons,
Marchant comme des dieux parmi les pissenlits,
Nous ne manquons de rien,
Tout est donné, tout est là,
Nous partageons le même silence.
Nos baskets sur le chemin de graviers.

Le soir, il pleut.

Pour celui qui est resté au bord du chemin

Philippe, un instantané de toi :
Tu portes un polo rose, tu es sur un bateau, tu tiens un énorme poissons que tu viens de pécher.
Instantané figé pour toujours,
Tu auras toujours 29 ans.

Tu étais mon grand frère mais tu ne vieillis pas,
Tu es devenu mon jeune frère,
Tu es devenu la jeunesse elle-même.

Je rêve de toi parfois,
Tu étais parti très longtemps et tu reviens.
Je n'y crois qu'à moitié, même dans le rêve.

Tu étais prisonnier en URSS.
Tu reviens des camps nazis.
Tu étais légionnaire tu t'es échappé.
Tu es devenu toutes les souffrances.

J'avais peur de te ressembler.
J'avais peur d'endosser ton désespoir et ta colère.
D'être engloutie par ta fêlure.

Tu es resté au bord du chemin,
Et moi maintenant je suis bien décidée à vivre,
Petit frère, je réchauffe ton fantôme avec ma vitalité,
Je te couve avec un petit feu,
Je connais ma souffrance, qui n'est pas la tienne.

Grand frère devenu petit frère, je te donne la main.

Tristesse

Tristesse vague, je te sens.
Je suis grosse de toi.
Fleuve morne, gras, opaque, comme le Rhône que je déteste,
Vers vaseux de Verlaine que je déteste,

Aujourd'hui tu me traverses et tu n'es pas sans douceur.
D'un gris taupe, ou aile de pigeon,
Creux dans mon estomac.

Mélancolie romantique que je déteste,
Aujourd'hui je t'éprouve,
Je sens que tu viens du fond des âges,
Tu es sans forme, tes bords sont flous, tu es épaisse,
Yeux rouges dans le brouillard, comme dans un vieux film de John Carpenter.

Peinture au couteau d'un paysage de Bretagne, que je déteste,
Barbara chantant le ciel de Nantes, que je déteste,
Feu dans la cheminée un dimanche humide, que je déteste,

Tristesse vague, combien de cigarettes ai-je fumées pour ne pas te sentir ?
Tu es tous les deuils, tous les automnes, toutes les guimauves,
Indigestion de tristesse,
Riz gluant, tapioca de l'existence,

Aujourd'hui tu es douce
Tristesse tendre, bourgeon en moi,
Du néant naît un mouvement minuscule,
Un petit homoncule en argile,
Ou squelettes dansant une danse de Saint Guy,
Danse de la mort et de la vie.

Danse

Danse, danse, danse, danse, danse, danse, danse !
Je danse !
Je saute !
Je fais l'amour, à moi !

Je danse sur Iggy Pop,
Je danse sur les White Stripes,
Je danse sur Trust,
Je danse sur Philippe Glass,
Je danse sur The Blue Rose, Emotional Music !

Je sens un muscle dans mon mollet !
Je sens mes pieds nus sur le plancher en bois !

Mes muscles font un câlin à mes os,
Mes cellules vivantes font un câlin à mes cellules qui meurent,
Salut les cellules qui meurent!
Mon estomac fait un câlin à mon foie,
Mes ovaires dansent
Mon anus est relâché!

Et j'aime, j'aime, j'aime mon mari!

4/12 la lanterne d'Aristote
2017 Anne Michel

Jamais personne n'aura mes épaules

En sortant du service d'aide à la procréation,
Je me vois dans la vitre.
Je me dis, jamais personne n'aura mes épaules.

Un docteur nommé Adonis nous avait laissé espérer.
Comme sa mère a dû l'aimer, pour l'appeler comme ça !
Je me demande combien de femmes ont appelé leur enfant Adonis,
Pour remercier cet accoucheur d'âmes,
Dieu local qui n'aime pas annoncer les mauvaises nouvelles.
Ma colère.

Je m'étais préparée à ce rendez-vous.
J'avais fais de mon ventre un nid de plumes.
J'avais senti une pièce de puzzle se poser en moi, réparant la transmission des souffrances.
J'avais prié dans une chapelle sur le chemin de Compostelle.
J'avais regardé cette grange au sol couvert de paille, toi avec ton bâton de marche, moi avec mon sac porté sur le ventre.
Un pèlerin nous avait dit « Vous êtes comme Joseph et Marie ! »
Nous n'avions pas besoin d'un prophète, nous désirions simplement un enfant.

Les marécages du deuil s'ouvrent devant moi.
C'est le brouillard et le gris.
Je n'ai pas de lanterne.
Mais je tiens dans mes mains ce qu'il y a de vivant en moi.
C'est petit.
Mes projets tombent, un par un.
Je fais appel aux autres, ils ne savent pas toujours quoi dire.
Toi tu t'éloignes, un temps, regard vide, mots vides,
Puis tu reviens.
Tu restes vivant en moi.

Je rêve de Missoula, Montana.
Me faire oublier.
Me mettre à la pêche avec toi,
Conduire un vieux pick up,
Dans cet endroit reculé du monde,
Le soir, boire un scotch au « happy fish », dans l'odeur âcre des années de sciure et de bière fade.
S'ancrer là.

Je repense à cette poule blessée vue sur le chemin.
Patiemment me lisser les plumes.
Me couvrir de poussière à petits soubresauts,
Me faire un coin, creuser un trou dans le sol,
M'enterrer pour tromper la douleur.

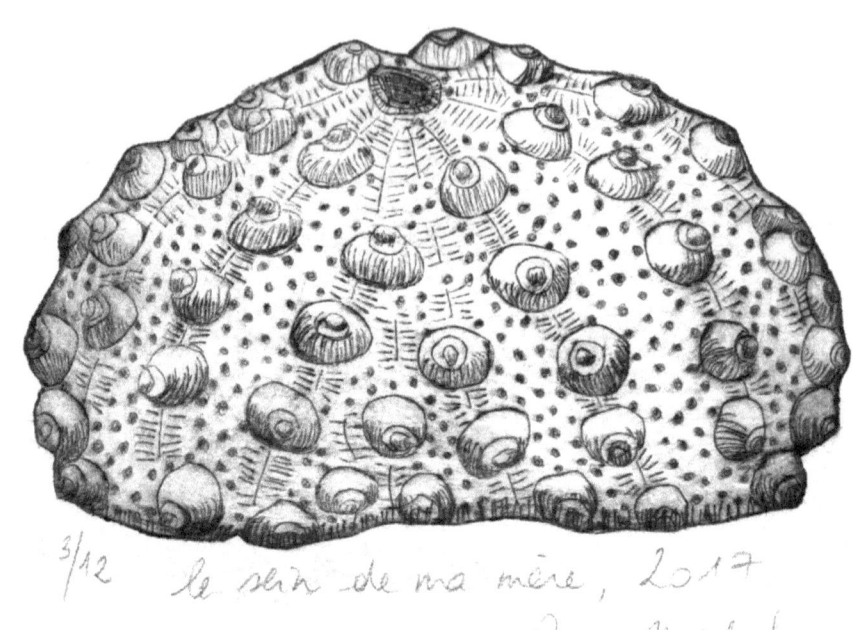

3/12 le sein de ma mère, 2017

Anna Michel

Mes cigarettes

Je suis assise à table et je m'ennuie. Les autres, toi, vous parlez du problème du désamiantage. Je voudrais danser nue sur la pelouse. Je fume ma frustration.

Je marche seule dans la forêt. Contentement absolu d'être PEINARD, au frais. J'existe souverainement, et je fume de joie.

Plus de lait pour moi. Je tête, je tête ! J'aspire comme une folle! Je fume le sein de ma mère.

Conquête de la respiration. Une, deux, J'inspire et j'expire, la fumée. Exercice quotidien.

J'ai peur de mourir. Je fume la mort !

Je suis assise sur mon fauteuil crapaud, face à l'ordinateur. Je commerce avec mes pensées, une petite cigarette au bec. Le téléphone sonne, je ne réponds pas. Liberté.

Je fume la tristesse, je fume la joie, je fume l'espace et le temps, la vie et la mort. Fumer, fumer, fumer.

Je fume comme Albert Camus. En noir et blanc, avec conviction.

Je fume le refus, je fume le consentement.

EA I/V
tout un écosystème en moi
2017 Anna Michel

Manière de vivre

Je lance un caillou dans la zone, une mine explose. Ce n'est pas le bon chemin.

Je lance un caillou dans la zone, le caillou tombe dans un puit. Plus d'écho.

Je lance un caillou dans la zone, il me revient. Ping! Dans l'oeil.

Je lance un caillou dans la zone, il tombe, à sa place pousse un petit arbre. Enfin!

Je lance un autre caillou dans la même direction, pousse une fleur. Nous avons à présent un massif.

Zone, je te repeuplerai.

Une phrase de Robert Pinget me revient, « doucement, torcher le petit futur. »

Une phrase de Jung me revient, « Le but de la vie est d'acquérir patience et endurance ». Tout mon être cabré la première fois que je lis cette phrase.

Maintenant, j'arrose, j'arrose,
Je tire ma charrue,
Bousier poussant ma boule,
Fourmi, mais bientôt une armée,
Tout un écosystème en moi.

Quotidien

Tu m'as donné le quotidien.
Tu m'as portée pour traverser son seuil,
Le jour de notre mariage.

Tu m'as offert ce toit et ce sol,
Ses fenêtres, en fait, n'ont pas de barreaux – ma surprise,
Le vent, la pluie, le soleil, y pénètrent,
Tout le vaste y est contenu.

Tu m'as offert l'intimité,
L'espace, où sous les petits mots, il n'y a plus de mot,
Mais de la présence sans fin.

Tu m'as offert le secret du réel,
Dont le quotidien est la peau.
Que dans la maison,
Il y a les plateaux de l'Aubrac,
Qu'il n'est pas la peine de chercher ailleurs,
Que le là est ici et que l'ici est là.

Tu me permets d'habiter le temps et l'espace sans peur.
Je n'aurais jamais cru que ce repos était possible.
Moi anciennement hérisson au ventre fragile,
Anciennement tressaillant sans trêve,
Comme un moineau dont le coeur bat beaucoup, beaucoup trop vite,
Moi tendue comme un bâton, nerveusement au monde !

L'autre jour, je cherchais à identifier une sensation nouvelle pour moi,
Qui me rappelait les vaches Salers,
Tellement posées sur le sol, profondes et douces,
J'éclate de rire, je sais !

C'est le bonheur.

Maman

Toi et moi avons dansé longtemps,
Une danse un peu bizarre.
Une danse du qui est qui.

Mais nous avons bien travaillé,
Et aujourd'hui tu es ma mère et je suis ta fille.
Tu as le droit de m'appeler « Isa »
J'ai le plaisir de t'appeler « Maman ».

Je ne suis plus l'enfant dorée clignotant de mille feux,
Je ne suis plus l'enfant magique,
Je suis ta fille, dans la lignée sans fin de l'espèce,

Et grâce à toi, je serai mère à mon tour,
Je ne sais pas encore comment,
Mais je serai mère.

Ce sera peut-être d'une étoile,
Ou d'une portée de renardeaux,
D'un puceron, si je n'ai pas d'autre choix,
D'une herbe, même. C'est ok.

L'amour maternel vit à présent en moi,
Transmis par toi.
J'ai mis du temps à le voir.

J'accepte l'inquiétude,
Les nuits sans dormir,
Le souci, qui creusera mes yeux.

J'accepte de devenir terre,
De consacrer mes forces à un autre être,
De faire un prêt à la banque, peut-être.

De me laisser traverser par la Vie.

Pratique du réel

Pour moi le réel est comme un oignon.
Je passe mon temps à enlever des couches,
Pour arriver à plus de réel.

Je suis constamment surprise.
Un jour je me dis : nous y voilà !
Et puis non, le lendemain, j'ôte encore une nouvelle couche.

Y a-t-il une fin à cet exercice ? C'est le cadet de mes soucis.
Autrefois, l'ontologie m'agitait :
Question 1 : y a-t-il une réalité au-delà de nos représentations ?
Question 2 : quelle est la nature de l'âme ?

Que de temps passé à réfléchir!
Aujourd'hui, je pratique.
Hop, une couche. Hop, une autre couche.
Athlétisme de la couche.

Theoria : à prendre un petit peu chaque jour pour les enracinés.
Pour moi, qui suis facilement comme un cerf-volant,
Qui tient parfois à peine au sol,
C'est le contraire : hop, hop, les couches.

Quand je m'évertuais à percer le secret du réel,
J'étais contre !
Aujourd'hui, je suis tout contre – peau à peau.

« Le réel, c'est cela contre quoi l'on se cogne », dit Lacan.
Pas moi !
Je me cogne bien un peu, quelquefois.
Un bleu, un sparadrap, et hop, à nouveau, les couches.

Intégration de la limite = ouverture infinie du possible.

Un jour, je parle de mon affaire d'oignon à une femme.
C'est une chamane.
Elle me regarde et me dit : je vois le Grand Esprit.
Gonflement de mon ego !
Je recule de 3 couches.

Je suis déjà arrivée à quelques conclusions :
L'expérience prévaut
Pour la danse, il faut un corps
J'aime toujours l'expression : « chiasme du sensible »
La présence est un mystère sans aucun mystère
Il n'y a pas d'incommunicable.

Mais que me réserve la prochaine couche ?

Contacter les auteures :

Isabelle Blandin - im343@nyu.edu
Anna Michel - annamichel.laque@yahoo.fr

©2018, Isabelle Blandin & Anna Michel

Editeur : BoD - Books on Demand,
12/14 Rond-Point des Champs Elysées, 75008 Paris, France
Impression : BoD - Books on Demand - Norderstedt, Allemagne

ISBN : 9782322120307

Dépôt légal : Mai 2018